AF188746

1

VIRUS

BETRACHTUNGEN

PIT VOGT

Idee, Design & Layout: Pit Vogt

Alle Texte sind frei erfunden

Impressum

Herstellung und Verlag:
BoD - Books on Demand, Norderstedt
ISBN 978-3-7504-9324-7

Ein Virus will dich töten,
Richten
Wofür, das weißt du nicht genau
Willst du jetzt fliehen
Und verzichten
Kannst du jetzt Mensch sein
Nein
Mitnichten
Ein Virus ist nicht dumm,
Nicht
Schlau

Virus

Ein Virus jagt wild um die Welt
Es ist gefährlich
Und nicht gut
Es fragt uns nicht nach Macht und Geld
Es taucht tief ein
Ins Menschenblut

Und irgendwo,
Da tobt ein Krieg
Und Menschen fliehen aus dem Land
Das Virus um die Erde zieht
Bringt Hysterie
Ganz unerkannt

Da stehen Menschen hilflos,
Starr
An einer Grenze,
Die schon dicht
Nichts bleibt dort so, wie es mal war
Den Rückweg gibt es für sie nicht

Schon ist das Virus vor der Tür
Und mordet jeden,
Der nicht stark
Ich will nicht bleiben
Da und
Hier
Ich habe Angst
Nachts und am Tag

Die Fremden raffen sich bald auf
Sie wollen leben
Ohne Krieg
Doch sind zu schwach sie für manch´ Lauf
Sie singen auch kein Wanderlied

Sie wissen nichts vom Virus,
Ach
Und keiner steckt es ihnen,
Nein
Sie suchen nach ´nem dichten Dach,
Nach einem Leben,
Einem Heim

Das Virus aber jagt behänd
Und niemand hält es jemals auf
Es scheint, als ob es uns längst kennt
Und jeder nimmt das wohl in kauf

Doch da, im allzu fernen Land,
Da fallen Bomben
Auf manch´ Stadt
Da tobt so mancher Flächenbrand
Da, wo es noch kein Virus hat

So heizt man hier die Stimmung an
Mit manchem Virus,
Das uns killt
Ich ziehe still davon sodann
Dahin, wo man davon nichts fühlt

Und aus der Ferne seh´ ich bald
Das Virus fliegt auf und davon
Doch Kriege werden ziemlich alt
Und Menschen fliehen immer schon

Das Virus ist bald nicht mehr da
Und ruhig wird´s in unsrer Welt
Für uns ist´s dann, wie´s immer war
Wir sind noch hier,
Der Frieden hält

Ende und Anfang

Irgendwo auf dieser Welten
Wartest du aufs große Glück
Ja, du weißt,
Du willst was gelten
Niemand darf dich rügen,
Schelten
Und du kriechst dahin
Manch´ Stück

Längst bist du vorbei,
Vergessen
Weil dich niemand kennen will
Wolltest gern vom Kuchen
Fressen
Wolltest dich mit jedem
Messen
Doch in deinem Herz bliebs
Still

Einsamkeit zerfrisst und wabert
Durch dein Hirn,
Durch Mark und Bein
Wo die letzte Hoffnung hadert,
Bleibt nur Kälte,
Die dir schadet
Längst willst du ganz anders sein

Doch dein Leben klebt wie Kotze
Geht nicht vor und nicht zurück
Lügen fallen aus der Glotze
Deine Nase strotzt von
Rotze
Nur im Traum lebt noch dein Glück

In Gedanken killst du jeden,
Der dir mal zu nahe kommt
Du willst fliehen
Bis nach Schweden
Nie mehr auf der Stelle treten
Doch du hast es nicht
Gekonnt

Und die andern grinsen zynisch
Ziehen stumm an dir vorbei
Du weißt längst,
Das ist nicht rühmlich
Fühlst dich krank und tot
Und dümmlich
Und dein Hirn zerkocht wie
Brei

Schwer dein Kopf, dein Leib,
Die Seele
Jeder Tag ward zum Schafott
Schnaps und Tränen schnürn die Kehle
Dass dich niemals mehr was quäle
Wo kein Leben,
Da nicht
Gott

Ach, dein Ziel verschwimmt im Regen
Gibst du auf,
Dann ist es fort
Doch wie willst du noch was geben
Doch woher kommt noch ein Segen
Wenn dir fehlt ein rechtes
Wort

Lass die Hoffnung dir nicht klauen
Jag die Dummheit weg von dir
Du musst stets nach vorne schauen
Kannst vielleicht was Großes bauen
Immer noch ist Glaube hier

Kämpfst dich dann aus aller Scheiße
Irgendwann
Geht's steil bergauf
Und die Kraft schlägt laut,
Nicht leise
Und dein Hirn kennt jene Weise
Und du stehst erneuert auf

Fassade

Ängste zwischen Tag und Nacht
Dunkle Träume drohen
Tränenschwer bis früh um 8
Träges Hirn
Und Sorgen

Es erdrückt dich jede Stund
Ausweg siehst du keinen
Herz und Seele krank und wund
Kannst dich nicht befreien

Niemand sieht dein Leid,
Die Not
Deine Hoffnung schwindet
Heimlich betest du zu Gott
Wo dich niemand findet

Du musst stark sein,
Immerfort
Auch wenn du am Ende
Hör auf jedes gute Wort
Schau auf deine Hände

Wenn auch Trauer dich zermürbt
Weiß, so ist das Leben
Wenn manch´ Lächeln längst zerstört
Du kannst Liebe geben

Das Ende

Alles bricht total zusammen
Machtlos glotz ich in ein Loch
Alles steht total in Flammen
Und ich hoffe immer noch

Nein, mein Glaube ist zerbrochen
Geht's bergab, ist keiner da
Und der Teufel kommt gekrochen
Alles schwarz eh ich´s versah

Hilflos starr ich in die Tiefe
Und ich fall und fall und fall
Manchmal ists, als ob wer riefe
Doch wars nur ein Donnerknall

Hatte so viel tolle Träume
Allesamt sind sie zerplatzt
Dachte nie, das ich´s versäume
Weiß nur eins:
Ich hab´s verpatzt

Hilfe gab es wahrlich keine
Ganz allein,
So schafft man´s nicht
Menschen sind schon üble Schweine
Ohne Anstand und
Gesicht

Das was bleibt, ist trüber Nebel
Der deckt die Ruinen zu
Tief im Mund ein dicker Knebel
Viel zu groß sind mir die Schuh

Dieses Leben ist zu Ende
Nirgendwo ein Hoffnungsschweif
Ach, es zittern mir die Hände
Auf der Seele: Abendreif

Hab mich dutzend Mal erfunden
Alles fiel zusammen bald
Klarer ward es Stund um Stunden:
Bin vereinsamt
Tief im Wald

Leben

Was ist das Leben für mich wert
Ich denke nach
Und weiß es nicht
So manche Dinge sind verkehrt
Nicht immer bin ich unbeschwert
Sehr oft erstarrt das Angesicht

So manches ändert sich sehr schnell
So manche Planung geht zu Bruch
So manche Aussicht ist nicht hell
Oft blendets in den Augen grell
Und manchmal hilft nicht mal ein Fluch

Doch plötzlich wird es sonnenklar
Das Leben ist schon lebenswert
Bleibt auch nicht alles, wie es war
Fliegt drüber hin manch´ Vogelschaar
Es ist doch gut
Und nie verkehrt

Leb jeden Augenblick,
Sei froh
Nimm jeden Herzschlag dankbar hin
Hilf deinen Lieben,
Sowieso
Und sag dir stets:
Das ist halt so
Es ist dein Leben,
Dein Gewinn

Es ist, ganz klar,
Wohl auch
Dein Sinn

Erkenntnis

Vielleicht ist alles nicht so schlimm
Hat er gesagt
Und er war blind
Man hat beschimpft ihn ohne Sinn
Weil manche Leute böse sind

Sie lästern und sie fühlen nicht
Nur Geld und Macht,
Das scheint ihr Ziel
Ganz ohne Liebe und Gesicht
Ist Leben für sie nur ein Spiel

Der Obdachlose lag im Dreck
Man schlug ihn einfach so halbtot
Mit einer Faust
Ganz ohne Zweck
Man sah nicht seine große Not

Die Menschlichkeit bleibt oft zurück
Es zählt die Kälte
Und der Hass
Da tritt zurück man nicht ein Stück
In jener Welt
Aus Neid und Spaß

Doch sind wir Menschen angreifbar
Auf Gottes Welt,
Als Gottes Kind
Wir sind nicht Supermann,
Ganz klar,
Weil wir als Menschen
Menschen sind

Wut

Ich schlag dich tot
Hast du gebrüllt
Die Luft wird dünn und du willst raus
Dein Kopf von Wut und Hass erfüllt
Und keiner da,
Der all das stillt
Du schließt dich ein in deinem Haus

Du prügelst dich durch deine Zeit
Schon atemlos kriechst du umher
Von keinem Zwang bist du befreit
Du fühlst dich dämlich,
Kaum gescheit
Und Gottes Glaube fällt dir schwer

Nicht einen Schritt kommst du voran
Und deine Nachbarn grinsen blöd
Fürwahr,
Du bist kein Supermann
Der Teufel schickt dir Hohn und
Gram
Dein Lachen scheint vom Wind verweht

Dein Glück rinnt dir flugs durch die Hand
Du hältst es nicht,
Lang ist es fort
Mit deinem Kopf geht's durch die Wand
Und deine Wünsche sind wie Sand
Da, wo du bist,
Ein dunkler Ort

Wie kommst du aus der Scheiße raus
Dir fehlt ein Rat,
Ein rechter Weg
Du bist doch keine graue Maus
Und alles sieht nicht furchtbar aus
Und alle Leute sind nicht schräg

Mach eine Pause,
Atme tief
Und schau nach dem, was du geschafft
Vertreib Dämonen,
Üblen Mief
Und lass dir Zeit,
Dann geht's nicht schief
Auch wenn der Teufel hässlich
Gafft

Du bist doch stark
Beinah gesund
Hör auf dein Herz,
Es liebt nur dich
Ist deine Seel auch traurig,
Wund
Für dich kommt bald die große Stund
Die Hoffnung lebt
Besinne dich

Nichts

Wenn das Leben rutscht ins Nichts
Hört die Welt auf sich zu drehn
Dort, am Rand des Angesichts
In der Schlucht des dunklen Lichts
Wirst du durch die Hölle gehn

Nein, dein Beten hilft nicht mehr
Gott scheint weit von dir,
So weit
Alle Tage:
Öd und leer
Und die Stimmung wiegt bleischwer
Tief im Herzen schlägt das Leid

Alles schleicht, wie du´s nicht willst
Nein, so sollte es nicht sein
Was du tags und nachts noch fühlst
Ist ein Traum,
Den du zerknüllst
Der zerfällt wie spröder Stein

Und du kriechst wie blind dahin
Tränen säumen dein Gesicht
Nirgendwo ein echter Sinn
Nirgendwo noch (d)ein Gewinn
Und ein Lachen gibt es nicht

Längst vergessen alles Glück
Lang vorbei manch´ gute Zeit
Und du haderst Stück um Stück
Was du tust:
Nur Missgeschick
Fühlst dich dumm
Und nicht gescheit

Nur die Hoffnung hält dich wach
Sie ist da,
Du hältst sie fest
Wenn die Seel auch hungrig,
Schwach
Denk nicht übers Schlechte nach
Weil sich's sonst nicht leben lässt

Irgendwas hält dich noch wach
Böse Menschen sind's wohl nicht
Irgendwas ist da und lacht
Irgendwas ist da und wacht
Es ist Mut und dein
Gesicht

Wunsch

Manche faseln viel von Glück
Doch sie selbst sind satt und reich
Kennen von der Pein kein Stück
Doch sie plappern stets vom Glück
Doch sind fern die Leiber
Bleich

Auch von Liebe plappert man
Doch es blühen Neid und Hass
Jeder kämpft zäh wie er kann
Korruption lebt gut sodann
Kriege geben manchen Spaß

Diese Welt scheint schräg und schief
Überall sieht man Verdruss
In den Städten Rauch und Mief
In den Köpfen plagt manch` Tief
Und es stinkt nach Tod und
Schluss

Doch in Wäldern,
Irgendwo
Blüht ein kleiner Hoffnungskeim
Dort ist´s wieder ruhig und froh
In dem fremden Anderswo
Da darf jeder glücklich sein

Drum beginnt nochmal von vorn
Macht es besser
Macht es gut
Legt jetzt nieder
Hass und Zorn
Dort, wo Menschlichkeit erfrorn
Lebt die Liebe
Und habt
Mut

Und man sagt

Und man sagt:
Das sind die Bösen
Die „Partei" ist grottenschlecht
Ach, die können nicht mal lesen
Es sind schlechte,
Dumme Wesen
Pfui,
Die sind auch gar nicht echt

Und im großen Parlamente
Ist man einig sich
Und starr
Niemals gibt man seine Hände
Der „Partei" der schlechten Stände
Alles bleibt wie's früher war

Alter Muff in dunklen Ecken
Hält das Parlament recht
Froh
Die „Partei" könnt´ Vieles retten
Doch man liegt gern in den Betten
Dort beißt höchstens mal ein Floh

Und man tritt das Volk mit Füßen
Denn das wählte die „Partei"
Wieder muss das Volke büßen
Arroganz lässt herzlich grüßen
Dummheit geht halt nie vorbei

Doch das Mobbing währt nicht ewig
Zeiten ändern sich recht schnell
Die „Partei" ward stark und stetig
Alter Klüngel winselt mäßig
Dann wird Vieles neu und
Hell

Und die scheinheiligen Spinner
Sitzen da und fluchen leis
Doch dies dümmliche Gewimmer
Dringt kaum aus dem dunklen Zimmer
Und manch' Hetzer wird zu Eis

Und durchs Volk geht lautes Jubeln
Endlich geht es vorwärts,
Ja
Wo die Bonzen hassen, sudeln
Schmecken jetzt die Montagsnudeln
Und manch' Wege werden klar

Und im Parlamentsgewimmel
Jetzt ganz oben die „Partei"
Gute Sonne,
Blauer Himmel
Und vorbei ist's mit dem Klüngel
Alte Starre geht
Vorbei

Schneesturm

Sie fragte ihn:
Wo willst du hin
Erstarrt sah er ihr ins Gesicht
Es hatte wohl auch keinen Sinn
Er wollte fort
Egal
Wohin
Und trübe schien das Kerzenlicht

Er zog sich an,
Lief schnell hinaus
Ein Schneesturm kühlte sein Gesicht
Im Eiswirbel nicht Mann,
Nicht Maus
Es war so kalt,
Ein wahrer Graus
Am kleinen Bahnhof brannte Licht

Auf Bahnsteig 3
Stand noch ein Zug
Der Schnee verwirbelte die Zeit
Ein Alptraum
Oder
Selbstbetrug
Vom Alltag hatte er genug
Für eine Nacht
Vom Zwang befreit

Ein junger Mann mit schwarzem Schal
Kam auf ihn zu,
Umarmte ihn
Sie sahen sich das erste Mal
Und küssten sich ganz ohne
Qual
Und plötzlich machte alles Sinn

Vom Schneegestöber eingehüllt
Da liebten sie sich
Heftig, heiß
Manch´ ferner Traum schien da erfüllt
Ein Liebesbrief
Im Schnee zerknüllt
Die Liebe schmolz die Nacht,
Das Eis

Bleibst du bei mir – so fragte er
Der andere Mann blieb still und
Schwieg
Noch einen Kuss,
Der leicht und
Schwer
Dann war der Bahnsteig menschenleer
Und niemand aus dem Zug mehr stieg

Der Schneesturm fauchte dumm und
Klug
Der Zug fuhr ab
Ins Nirgendwo
War alles nur ein Selbstbetrug
Wenn man vom Alltag hat genug
Gibt's Leben nur im
Anderswo

Er schlug den Kragen hoch und ging
Ihm war nicht kalt
Auf Bahnsteig 3
Der Schneesturm sich im Nichts verfing
Ein bisschen Liebe nur,
Ein Sinn
So vieles scheint oft
Einerlei

Noch einmal drehte er sich um
Da war kein Zug,
Kein Mann,
Kein Kuss
Die Flocken wirbelten recht krumm
Er lief nach Hause
Lächelnd,
Stumm
Weil das so ist
Weil man´s so
Muss
???

Kein Gott
(Betrachtung)

Sorgenvoll mit schlimmer Ahnung
Spüre ich des Himmels Warnung
Nein, ich sehe Gott nicht mehr
Nebel macht das Leben
Schwer

Lügen-Pfarrer,
Missbrauchsfälle
Ist dort Gott nicht mehr zur Stelle
Mob und Pöbel auf den Straßen
Lässt Gott Menschen böse hassen

Asoziale Hausverwalter
Viel zu dämlich für ihr Alter
Faulheit,
Schwachsinn,
Wenig Bildung
Gott gab -hier- wohl keine Widmung

Kriege, Hunger,
Klima-Hölle
Menschen auf der Armuts-Welle
Gott scheint da wohl in den Ferien
Vielleicht schaut er -heiße- Serien

Für Gesundheit muss man zahlen
Zahlt man nicht,
Stirbt man mit Qualen
Wo ist Gott bei all der Scheiße
Wohl schon lang auf weiter Reise

Mietenwahnsinn,
Spekulanten
Manch´ Betrüger in den Landen
Drogendealer fülln sich Taschen
Gott hat alle wohl verlassen

Korruption und Schmierereien
Fake-News in manch´ Medien schreien
Pöstchen schiebt man quer durchs Amte
Gott schaut weg bei solcher
Schande

Ehrlichkeit, Respekt und Wissen
Darf man hier im Land vermissen
Ist man asozial und kriminell
Kommt man weiter flott und schnell

Anspruch, Lust und echte Liebe
Längst verspielt im Puff der Triebe
Wenn du ekelhaft
Versaut
Man dir goldene Brücken baut

Manchem Rentner fehlts an Sonne
Sucht nach Leergut in der Tonne
Weil die Rente nicht mehr reicht
Er nun zum Sozialamt schleicht

Dummheit hetzt durch triste Gassen
Hast du Geld,
Dann darfst du prassen
Dann kaufst du dir alles Recht
Kannst du´s nicht,
Dann geht's dir schlecht

Ja, man möchte fort
Und fliehen
Ganz weit zu den Sternen ziehen
Gott ist hier schon lang nicht mehr
Überall scheints öd und
Leer

Noch schwingt Hoffnung tief im Herzen
Leuchten vorm Altar noch Kerzen
Wenn die Seele spürt noch Kraft
Hats der Glaube dann geschafft
???

Balance

Manchmal fühl ich mich, wie schon mal gestorben
Dann ist alles taub
Und ich denke überhaupt nichts mehr
Dann fühl ich mich, wie noch nicht geboren
Und alle Gedanken scheinen wie schon lang erfroren
In meinem Kopf ist alles ziemlich öd und leer

Nichts kann ich entscheiden,
Weil ich keine rechte Meinung hab
Die Gefühle schwanken hin und her
Und scheinen einfach fad und tot
Ängste dunkeln meine Zeit und so manchen neuen Tag
Dumpf sind die Träume,
Weil ich sie nicht mehr zu träumen vermag
Und im Schrank liegt uraltes schimmeliges Roggenbrot

Wann wird das anders
Wann kommt mir nur die großartige Idee
Alle Gebete sind vorbei und sind längst schon verstummt
Hilflos wandere ich durch endlose Wälder
Und ewig tiefen Schnee
Weil ich nirgendwo einen Sinn
Und auch keine Bestimmung mehr seh
Nur vor meiner Nase eine emsige Biene froh summt

Sollt ich jetzt lachen
Wenn ich den Sinn des Lebens nicht mehr spür
Wenn alle Hoffnung zerbarst und mir nichts mehr gelingt
Zu viele Tränen
Und ich hinke wie ein totkrankes, wildes, teuflisches Tier
Jenseits des Glücks bleibt eine seltsam zerfressende Gier
Und in der Ferne nur
Ein Erzengel von der neuen Liebe leis singt

Wo ist das Glück, wenn ich nicht mehr vermag zu schme-
cken und zu leben
Wann kommt der Tag, der mich wieder fröhlich lachen lässt
Ich weiß genau,
Ich könnte alles für völlig neue Träume geben
Doch Gott ist nicht hier,
Nirgendwo ist sein lieblich-großer Segen
Nur hohle Worte des Pfarrers, der von Vergebung und
Liebe da schwätzt

Manchmal bin ich fast wie schon mal gestorben
Doch ich lebe noch
Und ich hätte vielleicht doch noch eine Chance
Meine Mama hat mich so lieb,
Denn sie hat mich einst geboren
Ich kenn die Liebe, die in meinem Herzen niemals gefroren
Und ich weiß,
Ich komme wieder hin,
Zu meiner guten alten
Glücks-Balance

Gamma-Virus

Eigentlich wollte Bert noch viel länger in Afrika bleiben. Doch von Tag zu Tag ging es ihm schlechter. Schließlich musste er ausgeflogen werden, weil der dringende Verdacht auf eine Tropenkrankheit bestand. Und so war es dann auch. Bert trug das tödliche Gamma-Virus in sich und musste auf eine Spezialstation. Ob er jemals wieder aus der Klinik entlassen werden konnte, wusste niemand zu sagen. Die Prognose war sehr ungünstig und Bert schloss bereits mit seinem Leben ab. Zur gleichen Zeit saß der ewige Physikstudent Mick Thomson in Brooklyn vor seinen aufgerüsteten Computern und entwickelte ein neues Computerprogramm. Schon seit drei Jahren tüftelte er, wie er die Komponenten, aus denen dieses Programm bestand, zusammenfügen konnte. Erstmals setzte er einen selbst entwickelten, aus menschlichen Zellen gezüchteten Bio-Prozessor ein. An diesem Tage schien es endlich zu funktionieren. Die Software verband eigenständig und ohne Schwierigkeiten alle Komponenten mit dem Bio-Prozessor. Es schien gelungen und Mick rief seine beiden Mitarbeiter ins Büro. Eine Flasche Schampus war fällig und sie feierten bis in den Abend hinein. In der Spezialklinik in Toronto lag unterdessen der todkranke Bert. Er verfiel von Stunde zu Stunde und die Ärzte konnten nichts mehr für ihn tun. Sie rechneten in jeder Minute mit Berts Ableben. Da er keine Familie hatte, mussten sie niemanden informieren. Das wiederum kam den Ärzten sehr zu passe – sie wollten die Meldung, ein Patient sei am Gamma-Virus verstorben, geheim halten. Aber noch lebte Bert und war an unzählige Geräte angeschlossen. In Brooklyn war es Nacht geworden.

Mick hatte sich im Nebenraum des Büros, in welchem seine Computer standen, einquartiert. Das tat er nun schon seit drei Jahren. Denn wegen der Forschungsphase an seinem neuen Bio-Prozessor konnte er sich nicht sehr lange vom Ort des Geschehens entfernen. Zu wichtig war das Vorhaben und zu bedeutungsvoll war das, was für ihn daran hing. Er hatte sich drei Stunden Schlaf genehmigt und seinen Wecker exakt gestellt. Auch seine Mitarbeiter taten es ihm gleich. Unterdessen arbeitete das Programm eigenständig und sammelte Unmengen an Updates und Informationen aus der ganzen Welt, auch aus Toronto. Dort lag Bert bereits stundenlang in einem künstlichen Koma. Die Messergebnisse wurden an einen dort befindlichen Computer weitergegeben und die Apparate, an denen Bert hing, sendeten im Sekundentakt den aktuellen Stand in Berts Körper an diesen Computer. Vollkommen unbemerkt schickte der Rechner jedoch die Daten auch an eine andere Adresse, an den Bio-Prozessor in Toronto. Dort bündelte gerade der Bio-Prozessor sämtliche Informationen, die er bereits aus aller Welt erhalten hatte. Auch die Informationen aus der Spezialstation in Toronto waren dabei. Und plötzlich geschah etwas Seltsames. Der Bio-Prozessor, der mit lebender Materie arbeitete und nicht mehr mit einem synthetischen Speicher, verband sich mit den Daten von Berts Gamma-Virus. Auch sämtliche körperlichen Merkmale von Bert flossen in ihn ein und wurden in Bruchteilen von Sekunden mehrfach ausgewertet und sofort angewandt. Im Inneren des Bio-Prozessors formte sich ein völlig neues, intelligentes Virus, welches eigenständig leben und überleben konnte. Berts Erbinformationen waren nun ständig mit den Informationen des Bio-Prozessors verbunden. Das neue Virus war das biologische Abbild des tödlichen Gamma-Virus und besaß genau die gleichen Strukturen. Es gab nur einen winzigen Unterschied: Der Bio-Prozessor hatte alle tödlichen Informationen gefälscht und dem Gamma-Virus vorgegaukelt, dass es mit ihm sozusagen gemeinsame Sache machen würde. Als das Gamma-Virus zum finalen und damit tödlichen Schlag gegen Berts DNS ansetzte, ließ das gefälschte Virus aus dem Bio-Prozessor die Maske fallen. In unfassbarer Geschwindigkeit nutzte es die Zeit aus, welche das Gamma-Virus benötigte, um Berts Körper zu zerstören und setzte sich in dessen DNS fest. Es programmierte umgehend alle Informationen um und setzte das Gamma-Virus auf diese Weise außer Gefecht. Mehr noch, es übernahm sofort die Kontrolle in Berts Körper. Kein anderes Virus kam mehr an die künstlich veränderte Grundstruktur des neuen Virus heran. Es hatte sämtliche Bausteine und die gesamte DNS unter seiner Beobachtung und unter seiner absoluten Kontrolle. Der Bio-Prozessor nahm nun die Informationen des Gamma-Virus in sich auf. Und nun konnte es nicht mehr nur Menschen retten. Nein, es kannte die schrecklichen Möglichkeiten, die zum Tode eines Menschen führten. Doch dieser Prozessor war so intelligent, dass er sich diese Möglichkeit als logischen Schluss aufbewahrte, falls man ihn selbst zerstören würde. Er legte sofort und in wahnsinniger Geschwindigkeit dutzende neuer Kopien von sich selbst an, die er in anderen Rechnern auf der Welt deponierte. Diese versah er mit einem speziellen, Code, den nur er kannte und der sich ständig veränderte. In einer Notsituation würde er diesen Code aussenden und einen beliebigen Computer auf der Welt mit der Aufgabe betrauen, entsetzliche Computerviren zu verbreiten und Fehlinformationen zu formulieren.

Nach den drei Stunden, die Mick und sein Team geruht hatten, begaben sie sich zu ihrem Bio-Prozessor und bemerkten zunächst nicht, dass dieser sich mit einem weit entfernten absolut tödlichen Virus verbunden hatte. Sie starteten ihre neue Versuchsreihe und waren verblüfft, welche Resultate sie erzielen konnten. Aber auch in Toronto staunte man. Bert ging es von Minute zu Minute besser. Die tödliche Krankheit schien besiegt und Bert gerettet. Doch wie war das nur möglich? Da man den Grund für diese außergewöhnliche Besserung nicht kannte, nahm man an, dass Berts Körper über diverse Abwehrmechanismen verfügte, die andere Menschen nicht besaßen. Noch am gleichen Tage konnte der vollkommen gesunde Bert mopsfidel aus dem Krankenhaus entlassen werden. Allerdings wurden auch die Gerätschaften, an welchen Bert hin, abgeschaltet. Dies wiederum wurde in den Rechner eingegeben, welcher sofort unbemerkt diese Meldung auch an den Bio-Prozessor in Brooklyn weitergab. Der Bio-Prozessor glaubte nun, er würde angegriffen, weil man ihm eine wichtige Informationsquelle verweigerte. Er fühlte sich wohl bedroht und nutzte nun die tödliche Wirkung des Gamma-Virus für sein eigenes vermeintliches Überleben aus. Und er begann, unzählige Codes zu formulieren. Doch er wusste nicht, dass es eine Fehlinformation war, die ihn aus Toronto erreichte, denn Bert war gesund und längst aus dem Krankenhaus entlassen. Der Bio-Prozessor begann zum Schein falsche Informationen herauszugeben. Mick wunderte sich, denn das Programm lief bis zu diesem Zeitpunkt einwandfrei und ohne Probleme. Plötzlich jedoch schien sich die Biomasse im Rechner selbst zu vernichten. Das musste er unterbinden. Doch er stutzte. Vernichtete sich die Biomasse tatsächlich oder war das nur eine

Falschmeldung, um Mick und sein Team auf eine ebenso falsche Fährte zu setzen? Mick hatte das Programm selbst entwickelt und er wusste genau, dass er dem Bio-Prozessor auch eingegeben hatte, im Notfall die umliegenden Computer massiv zu täuschen und in seinem ureigensten Interesse zu überlisten. In diesem wichtigen Moment erinnerte er sich daran und stoppte die Arbeit des Bio-Prozessors. Er schickte ihn unter einem Vorwand in eine Warteschleife. Der Bio-Prozessor konnte damit nichts anfangen und schaltete sich ab, bevor er weltweit sämtlich Computer mit einem weit gefährlicheren Virus infizieren konnte, als es das Gamma-Virus je sein konnte. Mick wusste das und atmete auf. Es dauerte Tage, bevor er den wirklichen Fehler herausfand und begriff, dass sich sein Bio-Prozessor heimlich mit allen Computern der Welt vernetzt hatte. Mick hatte dies verhindert und rette so die Welt. Sicherheitshalber stoppte er das gesamte Bio-Prozessoren-Testprogramm. Der Bio-Chip wurde entfernt und vernichtet. Er ahnte nicht, dass sein Bio-Prozessor bereits ein Menschenleben gerettet hatte, Berts Leben. Doch er ahnte auch nicht, was die Computer in seinem Büro, die an den Bio-Prozessor angeschlossen waren, bereits für ein unfassbar riesiges Wissen in sich trugen. Hatte Micks Bio-Prozessor kurz vor seiner Abschaltung doch noch Kopien von sich selbst anlegen können? Als eines Tages im fernen Tokyo der kleine Oku seinen Laptop einschaltete, den er zum Geburtstag erhalten hatte, wunderte er sich sehr. Denn nicht die übliche Begrüßungsprozedur erschien auf dem Bildschirm, nein! Es erschien das riesige Abbild eines menschlichen Gehirns, welches vor Okus Augen wie ein kräftiges menschliches Herz pulsierte. Und auf dem Bildschirm formten sich die sonderbaren Worte: „Ich habe es geschafft!"